LA VÉRITÉ

SUR

CE QUI NOUS TOUCHE DE PRÈS,

OU

DISCUSSIONS POLITIQUES, HISTORIQUES
ET LITTÉRAIRES ;

PAR UNE SOCIÉTÉ DE PATRIOTES.

<small>Que la Presse soit libre ou non, nous écrirons toujours.</small>

PARIS,

Chez { PONTHIEU et comp., galerie du Palais-Royal ;
DELAUNAY, galerie du Palais-Royal ;
DELAFOREST, rue des Filles-St.-Thomas, n. 7.

1827.

LA VÉRITÉ

SUR

SUR CE QUI NOUS TOUCHE DE PRÈS.

Avant d'offrir au public nos réflexions sur les affaires du temps, et sur les hommes qui les dirigent ou veulent les diriger, nous devons dire qui nous sommes, et faire, avec franchise, notre profession de foi politique.

Nés dans les premiers jours de la révolution, nos idées ne se développèrent, et nous ne fûmes des hommes, que lorsque l'ordre était déjà rétabli en France. Nous n'avons donc point souffert personnellement des iniquités de l'ancien régime, ni de la tourmente révolutionnaire.

L'histoire nous apprit ce qui s'était passé en France depuis l'origine de la monarchie jusqu'à sa destruction. Les contemporains nous racontèrent ce qui s'était fait sous la république. Nous fûmes témoins de l'élévation et de la chûte de l'empire, du retour des Bourbons, et de la fondation du gouvernement constitutionnel.

Le tableau de l'ancien ordre de choses fit sur nos esprits une impression pénible. Nous ne pûmes voir sans douleur que, pendant une longue suite de siècles, le peuple *Franc* fut réduit en servitude, et qu'on ne brisa ses chaînes que pour lui imposer des charges et le tenir encore dans une humiliante dépendance.

En détruisant ces injustes distinctions, ces grossiers abus, la révolution s'est acquis notre reconnaissance; mais nous avons gémi sur les malheurs qu'elle a causés, sur les crimes qui l'ont suivie.

La république a fait tressaillir nos cœurs. *Liberté! Égalité!* noms magiques qui enfantèrent des armées et créèrent une force de volonté, une puissance que les Dieux seuls eussent pu égaler. Liberté! égalité! Ah! que vous êtes chères aux hommes!

La république naquit avec un mâle courage; elle prit une attitude imposante, terrible. L'ennemi, attiré par nos dissentions, avait foulé le sol de la patrie : il fut chassé, et nos étendards flottèrent bientôt sur son territoire et sur les remparts de ses villes. Mais cette république avait soulevé toutes les passions; elle avait excité toutes les ambitions : livrée tour-à-tour à la violence ou à la pusillanimité, au talent ou à la nullité, elle ne pouvait plus se soutenir.

Le consulat vint l'arrêter sur le bord du précipice. Un grand homme, sorti du peuple et des rangs de l'armée, saisit les rênes de l'état, rendit à la France toute son énergie, et la couvrit de gloire. Mais le consulat, qui sera l'une des plus belles pages de notre histoire, eut une trop courte durée.

Le premier consul descendit du haut rang qu'il occupait, et se donna des égaux en se faisant roi.

L'empereur fut brillant, magnifique, sublime : la victoire le couronna cent fois. Son nom retentit jusqu'aux extrémités du monde, et des monumens indestructibles le transmettront à la postérité la plus reculée. Mais pourtant l'empereur, ce génie universel, fit des fautes, et de grandes fautes, parce qu'il ne pouvait rien faire que de grand.

Plébéiens que nous sommes, l'ancien régime ne nous laisse pas de regrets.

La révolution ne nous nuisit pas ; elle ne nous servit pas non plus, car nous sommes aujourd'hui ce que nous eussions été toujours.

Nous ne devons rien, ni à la république ni au consulat, que nous n'avons pu servir ; nous ne devons rien, ni à l'empereur ni à l'empire, que nous n'avons pas servi.

Indépendans par notre position sociale, indépendans par caractère, nous ne serons jamais à la suite d'aucun pouvoir.

Quant à nos opinions politiques, les voici :

Nous voulons la liberté légale.

Nous voulons l'égalité devant la loi.

Nous voulons :

Que tous les Français soient également, et *de fait*, admissibles aux emplois civils et militaires.

Que nul ne puisse être poursuivi et arrêté que dans les cas prévus par la loi, dans les formes qu'elle prescrit, et par les agens qu'elle reconnaît.

Que chacun professe librement sa religion, et obtienne pour son culte le même degré de protection.

Que tout citoyen puisse publier ses pensées, en se conformant aux lois.

Que les lois et l'impôt soient votés par les chambres législatives.

Que les ministres, réellement responsables, puissent être accusés et jugés d'après les lois et dans tous les cas précisés par elles.

Nous voulons :

L'inviolabilité de toutes les propriétés sans distinction.

L'inamovibilité des corps judiciaires.

L'institution du jury.

La liberté des élections et des votes.

Nous voulons :

Que le peuple jouisse de tous ses droits ; qu'il en jouisse pleinement.

Que le gouvernement soit puissant et fort.

Que les religions et leurs ministres soient respectés.

Nous voulons, enfin : *Tout ce qui peut conserver la paix à la France, et tout ce qui peut la rendre à ses hautes destinées.*

Les hommes qui ne professent pas ces principes, abjurent la qualité de français.

Les hommes qui s'efforceraient de les renverser, déclareraient la guerre à la France, et provoqueraient le combat.

Cependant, on ne peut se dissimuler qu'il existe plusieurs partis qui, quoiqu'avec des vues différentes, tendent également à les anéantir.

Ces partis, nous les signalerons, nous les mettrons à nu, et, nous espérons contribuer à leur destruction.

MASSACRES

DES CITOYENS DANS LES RUES DE PARIS,

19 ET 20 NOVEMBRE.

Nous n'avons pas vu les scènes sanglantes de notre révolution, disions-nous avec une sorte d'orgueil, dans la profession de foi qui précède ; *elles ne furent pas de notre âge :* et tout-à-coup, au moment même où nous allions commencer nos publications, la capitale devient le théâtre des plus déplorables événemens ; le sang des citoyens est répandu par ceux-là mêmes que le peuple paie pour maintenir la tranquilité publique ; plusieurs familles sont dans le deuil, et l'indignation éclate de toutes parts.

Qui a provoqué ces malheurs ? quels peuvent en avoir été le motif et le but ? C'est ce qu'on apprendra bientôt. La cour royale vient d'évoquer cette cause, qui marquera dans les funestes annales de notre histoire ; la vérité sera donc connue ; mais en attendant qu'un jugement la rende patente à tous les yeux, nous pouvons, par des conjectures qui ne seront pas hasardées, présager déjà le résultat de l'enquête ; essayons :

Les colléges électoraux convoqués à la hâte par suite de l'ordonnance de dissolution, s'étaient assemblés à Paris, et une majorité de six mille électeurs sur sept mille, avait choisi pour députés des hommes qui tous figuraient dans les rangs de l'opposition. Dans un système de gouvernement, tel que celui sous lequel nous vivons, l'élection est peut-être le seul moyen qui nous reste de protester contre les actes de ceux qui sont au timon des affaires ; mais c'est aussi le plus légal. Personne ne pourra le contester, et certes on pourra encore moins prétendre qu'il soit trop large, trop populaire ; car les restrictions apportées à l'exercice des droits civiques, par la loi électorale, sont plus que rassurantes pour les amis des priviléges et des cathégories.

Les votes sortis de l'urne électorale devaient donc irriter les ministres, et, par cela seul, satisfaire les bons citoyens. Aussi, dès que le résultat des élections de Paris fut connu, la joie y fut générale, et par un mouvement spontané toutes les maisons de la capitale furent illuminées.

Ce mode d'expression de la satisfaction publique avait bien pu jusqu'alors être considéré par nos ministres comme une désapprobation de la manière dont ils gèrent nos affaires, comme la manifestation d'un mécontentement général ; mais ils n'avaient pas encore osé le comprendre dans la trop longue série de leurs prohibitions, ni en faire un nouveau crime de leur code pénal.

Nous ne blâmons pas les illuminations, mais nous dirons que souvent on les a provoquées hors de propos. Nous souffrîmes par exemple de voir qu'au moment même où la nouvelle de la destruction de Missolonghi nous parvenait, et où tous les cœurs généreux devaient être plongés dans la plus profonde affliction, on s'amusa à brûler des lampions pour célébrer le rejet de cette loi sur le droit d'aînesse que, dans leur délire, les partisans de la féodalité avaient conçue et proposée aux chambres. On ne sentit pas assez alors que la loi des substitutions qu'on avait présentée en même temps et qui venait d'être adoptée, était précisément ce que désiraient le plus ceux qui avaient eu cette double conception, ce qui servait le plus leurs projets, ce qui entrait le plus dans leurs vues. Le principe aristocratique triompha et le peuple s'en réjouit.

Plus tard, on illumina aussi pour le rejet de la loi sur la presse, et nous prîmes tous part à la joie que causa cet événement ; mais nos craintes pour la censure, commencèrent aussi ce jour-là et elles n'ont été que trop réalisées.

Frappés des suites qu'avaient eu ces deux illuminations, nous eussions désiré vivement qu'on se fut abstenu de célébrer, de la même manière, le résultat des dernières élections. Quelques amours propres satisfaits ne sont pas pour nous l'intérêt public, et l'intérêt public seul doit émouvoir les âmes citoyennes. La nomination de quelques députés à Paris, quels que fussent leurs titres ou leurs qualités, ne préjugeait rien sur le résultat général des élections pour toute la France. C'est ce résultat, qu'il eût fallu attendre avant de se livrer à la joie, et il n'était pas encore connu; et alors même qu'il le sera, les calculs sur l'opinion des hommes, reposent sur des bases si incertaines, qu'il est souvent imprudent de s'y livrer avec trop de confiance. Cette réflexion suffisait pour qu'on s'abstînt de manifester une joie qui pour nous n'était qu'incomplette.

Mais si parfois nous avons désapprouvé les illuminations, nous avons toujours blâmé formellement ces pétards que l'on tire dans les rues en signe de réjouissance, et dont les explosions sont aussi contraires au bon ordre qu'à la tranquilité publique. Ils sont expressément défendus par les réglemens; et toute tolérance de la part de l'autorité est, selon nous, une prévarication.

Après cette digression, qui a pû paraître longue, mais qui était nécessaire pour justifier la pureté de nos intentions, revenons au sujet qui nous a fait prendre la plume; revenons aux scènes déplorables qui ont ensanglanté les rues de Paris, les 19 et 20 novembre dernier.

Nous les examinerons avec calme, car nous sommes dégagés de toute passion, mais nous ne pourrons nous empêcher de manifester la juste indignation que nous ressentons, parce que nous sommes hommes, et que l'effusion du sang nous fait horreur.

Nous n'entrerons ici dans aucun détail; nous ne pouvons les connaître, parce que nous n'étions pas spectateurs de ces désastres. Nous nous abstiendrons autant que possible de per sonnalités; nous ne mentionnerons que les faits généraux, tels que la clameur publique les a propagés. Les tribunaux feront le reste; et si la publicité de nos réflexions sert à éclairer les magistrats qui s'occupent de mettre la vérité au grand jour, nous serons assez dédommagés de nos efforts.

Le 19, la joie publique se manifesta par une illumination spontanée. Cette illumination fut presque générale dans tous les quartiers de la Capitale; car le résultat des élections, qui en était le motif, était l'œuvre de l'immense majorité des électeurs. Qui pouvait donc s'irriter de cette manifestation publique? Les électeurs dissidens? Nous ne leur ferons pas cette injure; leur position sociale les met à l'abri de toute imputation. Mais si on ne peut les accuser, on peut encore moins penser que ceux dont les choix faits la veille exprimaient les opinions, ceux dont les principes triomphaient, ceux qui se réjouissaient du succès qu'ils avaient obtenu, puissent avoir voulu interrompre cette même joie et susciter des troubles.

Des groupes ont parcouru les divers quartiers en vociférant. Ils étaient composés de quelques jeunes polissons, excités et dirigés par des gens en guenilles. Les habitans les ont vu passer, et les ont regardés avec dédain. L'autorité n'a rien fait pour les arrêter. Ces nombreuses patrouilles, qui chaque jour inondent la Capitale; les divers postes de troupes stationnés sur les différens points, sont restés également impassibles. Dira-t-on qu'ils attendaient des ordres pour arrêter les perturbateurs ? Quelles sont donc les consignes que reçoivent habituellement les corps civils ou militaires, préposés au maintien de la tranquilité publique ? Dira-t-on que l'autorité, plus tolérante ce jour là qu'elle ne l'est ordinairement, n'avait pas voulu sévir contre ces perturbateurs, pour ne pas encourir le reproche de s'opposer à la manifestation de la joie publique? Mais dès que cette manifestation enfreint les réglemens et peut troubler l'ordre, le devoir de l'autorité est d'en arrêter les suites. D'ailleurs des pétards étaient tirés, et deux, trois heures même, se sont écoulées entre les premières clameurs, les premières détonnations, et les massacres, sans que l'autorité soit intervenue. Elle ne pourra jamais se laver du tort énorme d'avoir laissé empirer le mal ; elle, dont le premier devoir était de le prévenir. Mais nous verrons si elle n'est coupable que de négligence ou d'imprévoyance.

C'est dans la rue Saint-Denis et dans les rues adjacentes, qu'ont eu lieu les scènes déplorables sur lesquelles nous gémissons. Les habitans de ce quartier s'étaient distingués plus d'une fois par leur franche opposition aux mesures anti-nationales, et par l'explosion de leur joie à la moindre défaite de ceux qui les avaient conçues. Aussi c'est contre ce quartier que l'autorité a dirigé toutes ses hostilités. Elle devait y porter ses regards, sa vigilance, empêcher surtout que les bandes perturbatrices y pénétrassent; y envoyer, non de ces sortes d'agens secrets et obscurs, dont l'apparition seule excite la défiance, augmente le désordre; mais bien ces fonctionnaires qui ont un caractère légal, et dont la voix n'est jamais méconnue. Mais non, elle a mieux aimé laisser accroître le tumulte que de le prévenir; employer la force plutôt que la persuasion; tolérer, et par conséquent encourager les excitations, pour avoir ensuite le barbare plaisir de les réprimer avec une cruauté révoltante, avec une fureur inouie jusqu'à ce jour.

Nous ne répéterons pas ici les faits particuliers recueillis sur cet événement, par les journaux de l'opposition. On pourrait nous alléguer qu'ils sont inexacts ou hypothétiques ; nous attendrons qu'ils soient mieux connus, pour leur donner une nouvelle publicité. Nous pourrions d'ailleurs reprocher à ces mêmes journaux de ne les avoir pas assez précisés ; de ne nous avoir pas fait connaître le nom de ceux qui sont morts, qui ont été blessés ou arrêtés, avec une indication de leur profession, leur âge, leurs qualités morales, etc.; de n'avoir pas signalé nominativement la plupart de ceux qui avaient servi d'instrumens à de telles fureurs. Et cependant, si l'on ne peut que louer le zèle de ces journaux qui ont fourni d'assez bons indices à la justice, que doit-on penser de l'impudeur des feuilles ministérielles qui, trouvant un motif de joie dans la douleur générale, ont ajouté l'insulte et l'ironie à la cruauté, en cherchant à flétrir les victimes, en leur supposant des intentions hostiles et criminelles?

Cette conduite nous rappelle un fait qui s'est passé en 1795, dans une petite ville du Midi, lors de cette exécrable réaction contre-révolutionnaire dont on ne parle pas assez souvent. Il nous a été raconté par le père d'un de nos amis, qui en avait été témoin. Le voici :

Un pauvre cultivateur était poursuivi par ces bandes d'assassins qui, sous la trop fameuse dénomination de *Compagnie de Jésus*, ensanglantèrent, pendant quatre années consécutives, nos provinces méridionales. Ce brave patriote avait dû, pour échapper à leurs poignards, se tenir éloigné pendant long-temps de son domicile. Un jour il voulut embrasser sa femme et ses enfans, et vint passer une nuit au milieu d'eux. Les brigands en furent instruits, cernèrent sa maison de toutes parts, et frappèrent pour s'y introduire. Le malheureux chercha à se soustraire à leur rage; il était déjà parvenu à sauter dans une basse-cour, de là dans un jardin, d'où il espérait gagner la campagne; ceux des brigands qui étaient appostés l'apperçoivent, tirent sur lui et l'étendent roide mort, percé de cinq coups de feu.

Le lendemain l'autorité *en écharpe*, va prendre le corps de ce malheureux; on le place sur une charette, on lui met deux bottes de foin dans les bras et on promène son cadavre dans toute la ville en disant ironiquement *qu'on avait bien fait de le tuer, puisqu'il allait voler le foin de son voisin*; et l'autorité qui présidait à cette infamie, conserva pendant trois ans encore le pouvoir, et les compagnons de Jésus poursuivirent sous son égide le cours de leurs assassinats!!...

Mais détournons nos regards de ces scènes d'horreur; et, sans admettre un instant la supposition qu'on veuille nous y ramener et encore moins en transférer le siége dans la Capitale, voyons quels sont les résultats des massacres qui ont eu lieu le 19 et le 20, dans les rues Saint-Denis et adjacentes.

D'après la concordance des divers renseignemens publiés, vingt citoyens ont péri, soixante ont été blessés, deux cents ont été incarcérés.

Qui donc a pu ordonner une semblable boucherie? Les militaires qui l'ont exécutée, ont-ils obéi à des ordres qui leur avaient été donnés *préventivement*, ou bien est-ce sur les lieux mêmes, et d'après la gravité des circonstances, que leurs chefs ont pris une résolution aussi terrible? Dans ce cas, c'est sur eux seuls que devrait rejaillir toute la responsabilité, si par suite de l'enquête il résulte que la résistance qu'ils ont éprouvée, n'était pas de nature à rendre nécessaire l'emploi de ces mesures homicides.

Mais s'il en était ainsi, si tout devait être imputé à un barbare emportement, comment se ferait-il que dès le 19, les armes des gendarmes et des troupes de lignes, eussent été chargées par anticipation? Quand a-t-on mis dans le canon des fusils ces premières balles qui sont allées frapper indistinctement, dans la foule, des individus de tout rang, de tout âge, de tout sexe? C'est là ce qu'il nous paraît important de constater. Qu'une faible patrouille parcourant à une heure indue les rues de la Capitale, soit armée de fusils chargés, on pourrait le concevoir ; mais qu'une force imposante de gendarmes et de troupes de ligne, mise en mouvement pour appuyer l'autorité, ait pris ainsi la cruelle précaution de charger ses armes avant même d'arriver là où l'autorité seule devait se faire entendre, n'est-ce pas un acte de préméditation condamnable, dont l'avis parvenu avant elle sur le lieu de la scène, aurait suffi pour y apporter cette irritation, cette résistance dont les germes n'existaient pas encore. Et n'était-il pas temps de charger les armes alors que les sommations légales (si elles eussent été faites) auraient été reconnues inpuissantes? Cette manœuvre menaçante n'a-t-elle pas souvent suffi pour faire tout rentrer dans l'ordre? La charge à volonté leur a-t-elle paru trop lente? faudra-t-il inventer pour eux un mode plus rapide de lancer la mort, lorsqu'il s'agira de répandre le sang de nos concitoyens ?

Ces chefs allégueront-ils qu'ils avaient reçu des ordres pour agir avec autant d'inhumanité ? diront-ils que la force armée, étant essentiellement obéissante, n'a pas dû hésiter à disperser à coups de fusils, des rassemblemens que l'autorité lui présentait comme en révolte ? Sans entrer dans cette vaste question, qui fournirait ample matière à discussion, nous pourrions dire aux trop zélés exécuteurs de ces ordres barbares, qu'avant d'être soldats ils furent citoyens; qu'ils peuvent d'un jour à l'autre rentrer dans cette classe, de toutes la plus honorable, la plus méritante; qu'avant de la mitrailler ils devaient voir si toutes les voies légales avaient été employées pour ramener l'ordre ; si toutes les sommations avaient été faites ; et si l'autorité n'avait pas négligé ses devoirs, ou si elle ne les outrepassait pas. Ces chefs militaires auraient pû se rappeler qu'il est des circonstances extraordinaires où la désobéissance aux ordres *les plus légitimes* est le premier devoir de l'homme vertueux, et que par fois la voix de l'humanité l'a emporté sur celles des *maîtres*, que la fatalité du destin nous avait légués. (1)

(1) Lors des massacres de la Saint-Barthélemy, le vicomte d'Orthez, commandant à Bayonne, écrivit au roi : « Sire, j'ai communiqué le » commandement de Votre Majesté à ses fidèles habitans, et *gens* » *de guerre de la garnison;* je n'y ai trouvé que de bons citoyens et

Mais si des ordres ont été donnés, qu'on les montre et qu'on en poursuive les signataires. Ces ordres seront, ou vagues ou précis. Dans l'un et l'autre cas ils attireront sur ceux qui les ont signés, une part co-relative de cette responsabilité qui est la seule sauvegarde des citoyens.

Si ces ordres existent, ils n'opéreront qu'une substitution de coupables, mais ils ne pourront jamais justifier le crime. La préméditation que nous avons attribuée à la force agissante, retomberait alors sur la force impulsive, et ce serait à celle-ci à répondre des attentats commis en son nom. Elle paraîtrait elle-même devant les magistrats qui, le bandeau sur les yeux, comme la justice qu'ils représentent, devraient frapper les coupables, quels que fussent *leurs rangs et leurs qualités*.

Nous ne pouvons passer ici sous silence une

» *braves soldats*, mais pas un bourreau ; c'est pourquoi, eux et moi,
» supplions très-humblement Votre Majesté de vouloir employer nos
» bras et nos vies en choses possibles ; quelques hasardeuses qu'elles
» soient, nous y mettrons jusqu'à la dernière goutte de notre sang. »

..... Saint-Heran s'exprimaient en ces termes : « Sire, j'ai reçu un
» ordre, sous le sceau de Votre Majesté, de faire mourir tous les pro-
» testans qui sont dans la province. Je respecte trop Votre Majesté pour
» ne pas croire que ces lettres sont supposées ; et si, ce qu'à Dieu ne
» plaise, l'ordre est véritablement émané d'elle, je la respecte encore
» trop pour lui obéir. »

On respire en voyant du moins que l'humanité n'était point bannie de tous les cœurs. Mais la mort précipitée du vicomte d'Orthez et du comte de Tendes, a fait croire que leur générosité fut récompensée par le poison.

(*Histoire de France par Anquetil*, édition in-18° 1822, tome 7, pages 431 et 432.)

circonstance grave, et qui ressort des plaintes particulières qui ont été publiées dans les journaux. C'est l'envahissement nocturne du domicile de M. Hamelin, par l'autorité et la force armée. Ce citoyen est connu du pouvoir et de ses compatriotes, non comme un perturbateur du repos, mais comme un de ceux qui ont montré le plus de courage dans les diverses oppositions légales qui ont été manifestées contre les mesures antinationales. C'est chez lui qu'était déposée cette dénonciation contre le ministère actuel, qui pouvait servir à d'appui, ou pour mieux dire suppléer à cette menace sans résultat, dont retentit la tribune nationale lors de la dernière session Ne serait-on pas en droit de supposer que M. Hamelin s'étant attiré, par cet acte de franchise et de dévoûment, l'animadversion de nos ministres, sa personne et sa maison ont été désignées aux agens de l'autorité, et par ceux-ci aux militaires, comme le point de mire des exécutions des 19 et 20 novembre? Nous ne fesons qu'indiquer ce rapprochement comme un indice dont la magistrature pourra tirer parti.

Le lendemain, 21 novembre, une démarche fut faite, par cinq des députés nouvellement élus, auprès de M. le président du conseil, afin d'arrêter l'effusion de sang qui frappait de terreur la Capitale. M. de Villèle reçut cette députation avec ce calme, cette politesse, nous dirons presque cette indifférence, qui fait aujourd'hui le seul mérite de nos grands hommes d'état.

Cette démarche eut cependant tout le succès qu'on pouvait en attendre. Elle mit en demeure l'autorité ; elle la força de prendre, le soir même, les mesures qu'elle aurait dû employer deux jours plus tôt. Un grand déploiement de forces militaires eut lieu dans les quartiers adjacens à la rue Saint-Denis, dont les habitans étaient résolus cette fois à arrêter le premier groupe qui s'y serait présenté.

Les perturbateurs ne se montrèrent sur aucun point, et nul excès ne fut commis.

Ce que nous aurions voulu connaître avec plus de précision, pour le reproduire ici, c'est la conversation de messieurs les députés, avec Son Excellence le président du conseil. Elle fut, dit-on, très curieuse. Pourquoi n'en a-t-on pas publié les détails ?

« Le ministre, assure-t-on, feignit de prendre la démarche de ces messieurs comme une justification préventive de leur part. Il daigna leur dire qu'ils étaient à l'abri de tout soupçon ; qu'on ne pouvait les considérer comme les instigateurs des troubles qui avaient eu lieu, et dont leur nomination avait été le motif. Les députés se récrièrent aussitôt ; ils lui déclarèrent que leur démarche était accusatrice et non justificative ; que l'autorité aurait dû prévoir, aurait pû empêcher d'aussi atroces désordres ; qu'elle s'était mise au moins dans le cas de ne pouvoir les réprimer comme elle aurait dû le faire; car si le licenciement de la garde nationale n'avait pas eu lieu, cette force citoyenne aurait pû, comme elle l'avait fait en tout temps, maintenir la tranquilité publique. M le ministre ne tomba pas d'accord avec eux, sur ce dernier point surtout, et peu s'en fallut qu'il n'improvisât l'acte d'accusation de cette garde nationale, pour la part qu'elle avait prise à la révolution. Il termina enfin par protester de son désir de connaître la vérité; il engagea ces messieurs à recueillir et à lui transmettre tous les renseignemens qu'ils pourraient avoir, et finit par leur dire, ironiquement sans doute, que les soupçons devaient retomber plutôt sur *le comité directeur* que sur l'autorité; que vraisemblablement de l'argent avait été répandu pour exciter ces troubles, etc., etc.

Mais laissons M. le président du conseil rêver conspirations pour donner le change à ses projets liberticides; et, jetant un regard sur le passé, voyons par quels coups d'essai la force militaire a préludé à ses horribles exploits des 19 et 20 novembre. Pour ne parler que de ce qui s'est passé sous nos yeux, nous ne remonterons pas à une époque bien reculée.

Nous avons été témoins de la mort du jeune Lallemant. Nous avons vu quel intérêt la population a pris à cette malheureuse victime. Son meurtrier a été traduit devant les tribunaux ; il a été acquitté;

nous n'avons plus rien à dire : mais nos souvenirs ne peuvent nous être ravis.

Nous avons vu, lors de l'entrée triomphale du duc d'Angoulême, un autre jeune homme qui, par pure curiosité, avait osé escalader un mur, être abattu roide mort par un militaire; et cet homicide, qui requérait une toute autre réparation, a été racheté par un dédommagement pécuniaire envers la famille de la victime.

Nous avons vu les janissaires de nos visirs assouvir leur fureur sur ceux qui rendaient hommage aux restes de notre plus vertueux citoyen, le duc de Larochefoucault. Les individus mutilés en cette circonstance furent nombreux. Ils réclamèrent vengeance d'un attentat aussi horrible; au lieu de l'obtenir, ils ont été attaqués, ils ont dû se défendre.

Nous avons vu plus récemment encore les obsèques du plus zélé défenseur des intérêts populaires sur le point de devenir le prétexte d'une scène sanglante, où 80,000 individus inoffensifs et plongés dans la plus juste, la plus honorable douleur, auraient été traités comme les habitans de la rue Saint-Denis, si les ordres vagues de l'autorité avaient été mis à exécution, avec cette cruelle rigidité dont on vient de nous donner l'exemple.

Voilà ce que nous avons vu; mais si nous voulons remonter plus haut, et parcourir quelques pages de cette révolution à laquelle nous n'avons pas eu la gloire de participer, que l'on calomnie sans cesse, mais que nous apprenons tous les jours à mieux connaître par les perfides intentions de ceux qui l'outragent, nous y relèverons trois faits historiques qui, sans avoir une parfaite similitude avec les *sabrades* de la rue Saint-Denis, ont cependant avec elles une analogie remarquable:

Premier fait: « ... La retraite d'un ministre(1) qui avait dilapidé les finances, et qui avait été comblé de faveurs en se retirant, venait de prouver l'impuissance dans laquelle se trouvaient les habitans de Paris, soit de veiller au maintien de la tranquilité publique, soit de s'opposer aux cruautés du pouvoir militaire. Des jeunes gens du barreau avaient brûlé l'effigie de ce ministre auprès de la statue de Henri IV. Le lendemain, la même cérémonie ayant été continuée, un officier, à la tête de vingt cavaliers et de cinquante fantassins, avait chargé le public : plusieurs personnes avaient été blessées, et quelques-unes tuées. La foule, dans un mouvement d'indignation, s'était précipitée sur la troupe, l'avait mise en fuite, et s'était emparée des armes de quelques corps-de-garde. Le soir, un rassemblement s'étant formé sur la place de Grève, la troupe avait tiré sur lui dans l'obscurité, et les hommes blessés mortellement avaient été jetés dans la Seine.

« Ces violences avaient irrité la population plus qu'elles ne l'avaient effrayée. Des jeunes gens s'é-

---

(1) M. de Calonne.

taient portés en foule dans la rue Saint-Dominique, où demeurait le ministre de Brienne, et dans la rue Meslée, où demeurait le commandant du guet; ils avaient été investis par des troupes qui arrivaient par les deux bouts des rues en même temps. Les soldats avaient chargé à coups de baïonnettes et sans distinction, une multitude désarmée qui ne pouvait fuir, et qui, loin d'attaquer ou de se défendre, levait les mains au ciel et demandait grâce avec des cris déchirans. La population parisienne avait été aussi impuissante pour prévenir, que pour arrêter cette boucherie ; et le succès de ces violences avait inspiré aux ministres et à la cour une entière sécurité. Ayant fait l'expérience que les soldats tiraient sur un peuple désarmé, ou le chargeaient à la baïonnette, on ne mettait pas en doute qu'on ne fût toujours maître de lui. » (1)

Ces événemens se passaient à la veille de l'ouverture des États-Généraux.

Deuxième fait · « .... . Paris était dès-lors le centre de l'opinion publique, et elle y était prononcée avec force. La cour sentit que le voisinage de cette ville immense donnerait un grand appui aux députés du peuple, et elle trouva l'occasion d'y appeler assez de forces pour l'intimider.

Il y avait dans les faubourgs de Paris un hon-

(1) Histoire de la Garde Nationale de Paris, par Ch. Comte, pages 8 et 9.

nête citoyen, nommé Réveillon, qui occupait à sa manufacture un grand nombre d'ouvriers dont il était le bienfaiteur et le père. Il leur faisait gagner tous les ans plus de deux cent mille livres, et les payait depuis trente jusqu'à cinquante sols. Tout-à-coup on répand le bruit que cet homme a taxé ses ouvriers à quinze sous, qu'il a dit que le pain était trop bon pour eux, et qu'il a été chassé de son district, pour ses discours inhumains. On attroupe les habitans des deux faubourgs de Paris trompés par cette calomnie. On attire surtout dans la ville une foule d'étrangers que personne n'avait jamais vus, et qui, après avoir brûlé un fantôme qu'ils appelaient *Réveillon*, le condamnèrent à la mort. Ces hommes forcénés, après avoir répandu l'effroi dans la ville, se livrèrent durant la nuit à de grossières orgies, sans que la police prit des mesures pour les réprimer, ni cette nuit, ni le lendemain. Un bataillon de gardes françaises qui était à Paris, aurait remédié à tout, et on les avait employés souvent pour de bien moindres sujets. On envoya cependant quelques soldats garder la maison de Réveillon, mais ils ne purent résister à la foule qui croissait toujours. L'argent, répandu avec profusion, en multipliant les hommes, accroissait leur audace. Enfin cette multitude étant entrée, pilla les effets, brisa les meubles, et fit, dans la maison, dans les caves et dans le jardin, tout le dégât dont elle était capable. Alors parut un appareil formidable de force militaire. Les gardes françaises et les gardes suisses essuyèrent long temps les insultes et les coups de cette foule ivre et forcénée, et reçurent enfin l'ordre de se défendre, ou pour mieux dire, de tuer. Il arriva à leur suite de la cavalerie, de l'infanterie et du canon, qui fut pointé sur le faubourg Saint-Antoine. La foule fut dissipée par la baïonnette ou par le feu, et plusieurs subirent le dernier supplice. Mais, Paris vit avec indignation cet amas de forces réunies en apparence pour sa défense, et qui menaçaient en effet sa liberté. Ce, excès de précaution en fit soupçonner le motif Les soldats eux-mêmes eurent horreur des service qu'on exigeait d'eux, et, de ce jour, ils devinrent citoyens. Si les agens du despotisme imaginèrent ce stratagème infernal, comme on le crut dans le temps, c'est une faute que l'on peut ajouter à toutes celles dont il se rendit coupable.» (1)

Troisième fait : «...Cette nouvelle se répandit le dimanche, 12 juillet. Aussitôt quelques individus s'emparèrent du buste de ce ministre (2) et de celui du duc d'Orléans, qu'on disait exilé, et ils les promenèrent dans la ville couverts d'un crêpe. La troupe se mit à leur poursuite pour les disperser, et parvint à briser le buste de Necker. Quatre pièces d'artillerie étaient placées à l'entrée des Champs-

---

(1) Précis de l'Histoire de la Révolution Française, par Rabaut-Saint-Étienne, pages 290 et 291.

(2) Necker.

Élisées, avec des canoniers prêts et portant les mèches allumées, et elles étaient soutenues par un régiment de dragons. Tout-à-coup un régiment de cavalerie, le Royal-Allemand, parut en ordre de bataille, sous les ordres du prince de Lambesc, et s'avança par la place Louis XV. Un soldat du régiment des Gardes-Françaises, qu'on soupçonnait d'attachement à la cause populaire, est rencontré par un cavalier du Royal-Allemand, et étendu sur la place d'un coup de pistolet. Le prince de Lambesc franchit le Pont-Tournant et s'élance à cheval dans le jardin des Tuileries, accompagné d'un détachement de cavalerie ; et, comme s'il voulait exercer sa troupe ou éprouver son dévouement, il tombe à coups de sabre sur une population de femmes, d'enfans et de vieillards.» (1)

Qu'on se rapproche ces trois faits de la scène sanglante qui vient de se passer sous nos yeux, et qu'on nous dise si le même génie n'y a pas présidé ?

Quelques journaux ont encore voulu établir une comparaison entre les massacres de la rue Saint-Denis et la journée du 13 vendémiaire. Mais quelle différence entre les époques et entre ces deux événemens !

Alors, une grande partie de la population parisienne, était réellement insurgée contre le seul pouvoir qui existait, la Convention. Les sections

(1) Histoire de la Garde Nationale de Paris, par Ch. Comte, pages 54 et 55.

s'étaient réunies, elles étaient armées, elles étaient en marche... La plupart des sectionnaires égarés, avaient pour chefs ces hommes si bien dépeints dans ce vers d'une hymne à jamais mémorable, qui a préludé à nos brillans exploits :

<small>Ces tigres qui sans pitié déchirent le sein de leur mère.</small>

Le canon de la Convention, dirigé par le général Bonaparte, fit justice de ce soulèvement; la cause de la liberté triompha et l'ordre fut rétabli. On a bien dit depuis, que cette journée *était une tache sur l'habit du vainqueur de Lodi, d'Arcole et des Pyramides ;* mais le temps a bien effacé cette prétendue tache, et la postérité a prononcé sur cette époque, de manière à faire un sujet d'éloge de ce qui avait été l'objet du blâme du moment. Ceux qui, tout en voulant imiter ce grand homme, voudraient s'étayer de cet exemple, trouveront-ils comme lui grâce au tribunal de la postérité? Nous pouvons affirmer que non.

Il ne manquait plus à l'absurdité de la comparaison, que de mettre en parallèle les héros des deux journées. La vie entière Napoléon est connue de tous nos lecteurs; celle de M. le général Mongardé, ne l'est certes pas autant. Voici une note qui nous a été remise, et qui pourrait servir à l'ébaucher, si elle méritait en effet d'être écrite :

Ancien émigré rentré, il fut employé en 1802, dans l'administration des vivres de l'armée d'Hanovre, par la protection du général Léopold Ber-

officier, dans un régiment de Chevaux-Légers Bavarois, que l'on organisa à Anspach. Lors de l'entrée en campagne contre la Prusse, son protecteur, qui ne l'avait pas perdu de vue, obtint qu'il passerait au service français, et le prit pour son aide-de-camp. A la mort de Léopold Berthier, il passa en la même qualité auprès de son frère, César Berthier. Il reçut, à la bataille de Wagram, une légère blessure qui lui valut le grade de chef d'escadron, le titre de baron et une dotation de 4,000 francs. En 1814, le prince de Neufchatel et de Wagram, qui avait endossé l'habit de capitaine des Gardes-du-corps, lui accorda aussi sa protection et parvint à le faire nommer colonel, le 19 août de cette année. Il commandait, en 1819, en cette qualité, le 24ᵉ de chasseurs à cheval des Vosges. Nommé le premier mai 1820, commandeur de la Légion-d'Honneur; il fut compris le 13 décembre 1821, dans une promotion de dix maréchaux-de-camp. Il était en disponibilité l'année dernière; mais remis tout récemment en activité, il remplaçait par intérim le général Coutard, dans le commandement de la Place de Paris, lorsqu'il a dirigé les opérations nocturnes des 19 et 20 décembre, dans la rue Saint-Denis.

Mais quel a donc été le but de ces exécutions militaires qui, pendant deux jours, ont affligé la Capitale ? Pense-t-on terrifier la nation ? veut-on la ramener aux scènes qui préludèrent à la révolution de 89 ? Les insensés ! ils sont toujours dans la même ornière, et l'expérience n'a pu les instruire. Ils reprochent sans cesse à nos devanciers la résistance mâle et souvent terrible qu'ils ont opposée à leurs infâmes machinations. Veulent-ils amener une nouvelle révolution ?... Nous n'avons point eu de part à la première ; nous voulons seulement en conserver les bienfaits. Les efforts seuls de nos ennemis pourraient la reproduire ; mais si elle éclatait aujourd'hui que les lumières sont plus généralement répandues, elle serait plus efficace pour la nation, plus terrible pour ses vrais ennemis, moins sanglante et plus majestueuse.

IMPRIMERIE DE DAVID,
BOULEVART POISSONNIÈRE, N° 6.

www.ingramcontent.com/pod-product-compliance
Lightning Source LLC
Chambersburg PA
CBHW060614050426
42451CB00012B/2253